AF313435

M. ABRIC-ENCONTRE

PREMIER PASTEUR TITULAIRE

DE

L'ÉGLISE RÉFORMÉE DE PASSY

1867-1887

SERVICE COMMÉMORATIF

ALENÇON

IMPRIMERIE TYPOGRAPHIQUE F. GUY

11, RUE DE LA HALLE-AUX-TOILES

—

1887

SERVICE COMMÉMORATIF

Le dimanche 16 octobre 1887, à l'heure ordinaire du culte, un service commémoratif a été célébré dans le temple de l'Eglise Réformée de Passy, en souvenir de M. le pasteur ABRIC-ENCONTRE, premier pasteur titulaire de cette paroisse.

A cette occasion la chaire est tendue de noir. Dans l'auditoire qui est nombreux, on remarque les anciens, les diacres de la paroisse et plusieurs membres du Consistoire de l'Eglise réformée de Paris.

M. Louis Vernes, président du Consistoire, qui avait accepté la présidence de la réunion, monte en chaire, il lit la Confession des péchés ainsi que le chapitre XII de l'Épitre aux Hébreux et, après s'être fait dans la prière l'interprète de l'émotion de tous, il prononce une allocution dont voici le résumé :

Mes Frères,

Je remercie le Conseil presbytéral de Passy de la bonne pensée qu'il a eue de convoquer cette réunion.

Un frère vénéré, un pasteur fidèle et aimé de tous, un collègue auquel j'étais uni par les liens d'une longue amitié, a été enlevé à l'affection des fidèles. Sa mort est survenue, au commencement des vacances, à un moment où il était impossible aux membres de l'Église d'exprimer, comme ils l'auraient voulu, les regrets que leur cause ce deuil si douloureux. Mais il n'est pas bon que le juste meure, sans qu'on y prenne garde et le Conseil presbytéral de Passy nous invite aujourd'hui à nous réunir dans une même pensée de sympathie chrétienne. M. le pasteur Recolin, qui a été l'ami d'enfance de celui que nous pleurons, vous dira tout à l'heure quelle a été la carrière de M. Abric-Encontre, les services de toute sorte qu'il a rendus à cette paroisse, disons mieux à l'Église de Paris dont cette paroisse n'est qu'une partie. Pour moi, je me souviens des débuts modestes de cette œuvre, et je ne puis séparer de M. Abric et de celle qui a été la compagne infatigable de son ministère, un homme dont le nom ne cessera pas d'être cher à notre Église, M. François Delessert, dont l'influence contribua puissamment à l'établissement de notre culte à Passy. Grâce au zèle et aux efforts de notre regretté collègue, cette œuvre a grandi, la paroisse possède maintenant des œuvres d'instruction et de bienfaisance et il suffit de comparer le passé au présent, pour constater combien les progrès accomplis ont été réels, combien vous avez de raisons de regretter d'être privés simultanément du pasteur qui a organisé cette paroisse et du concours de sa fidèle compagne.

Je me rappelle, il y a de cela déjà longtemps, que le Conseil presbytéral de Batignolles reçut une pétition demandant l'établissement d'un culte à Passy et je vois encore le premier et très modeste lieu de culte, situé passage des Eaux-Minérales, dans une propriété de la famille Delessert. Quelle différence aujourd'hui ! Il me reste à formuler un vœu en terminant. C'est que votre Eglise trouve un pasteur suivant son cœur, qui poursuive l'œuvre si bien commencée !

Pendant le chant du cantique 71 (1), M. le pasteur Recolin, qui avait bien voulu se charger du discours de circonstance, monte en chaire.

Après lui, M. le pasteur Arbousse-Bastide, qui a remplacé M. Abric Encontre durant sa maladie et pris soin de la paroisse durant les vacances, présente à Dieu une fervente prière et termine le service commémoratif en donnant la bénédiction.

(1) L'assemblée a aussi chanté les cantiques 70, 11 et 47.

DISCOURS DE M. RECOLIN [1]

Heureux dès à présent les morts
qui meurent au Seigneur ! Oui, dit
l'Esprit, car ils se reposent de leurs
travaux et leurs œuvres les suivent. — Quoique mort, il parle
encore.

(Apoc., xiv, 13. — Hébr., xi. 4.)

Mes frères,

La tâche qui m'a été assignée par le conseil de cette
paroisse dans ce service commémoratif, est à la fois
douloureuse et délicate.

Elle est douloureuse à mon cœur, car celui que vous
pleurez comme pasteur, je le pleure comme ami : né dans
la même ville, reçu dans la même Eglise que lui et par
le même pasteur, je l'ai connu dès son adolescence et,
soit au collège, soit à la Faculté, j'ai été son condisciple,

(1) Ce discours a dû être rapidement préparé et n'était pas des-
tiné à l'impression; en le publiant tel quel, l'auteur cède aux
instances du Conseil presbytéral de la paroisse et à la pensée de
laisser entre les mains du troupeau un souvenir un peu plus du-
rable de ce service commémoratif.

son contemporain, le devançant à peine d'une année dans le chemin de la vie. Quand, il y aura bientôt quatorze ans, je le trouvai à Paris comme collègue immédiat dans l'œuvre du ministère, ce fut pour tous deux un sujet de vive satisfaction, morale et cordiale : il y avait entre nous tant de souvenirs communs, tant d'expériences communes. Il était alors dans la plénitude de la maturité et de la force; qui m'eût dit qu'il me devancerait dans le monde invisible et que j'aurais un jour en ce temple, si plein de son souvenir, à rendre hommage à sa mémoire. Dans la tristesse que j'éprouve, ce m'est pourtant une consolation de prendre la parole dans cette solennité et de faire du haut de cette chaire qu'il a occupée durant de si longues années ce que j'aurais voulu faire devant son cercueil.

J'ai dit encore que ma tâche est délicate et, par suite, difficile. Je n'aime pas les panégyriques dans la chaire chrétienne pas plus qu'au bord des tombes, et je sais que les austères traditions de notre Eglise réformée les ont toujours répudiés. J'ai été averti d'ailleurs par la femme chrétienne, qui fut la compagne fidèle de sa vie, que notre ami, avant de mourir, avait exprimé le vœu « qu'on ne dit rien sur sa tombe qui pût ressembler à une apologie. » Et cependant dans une assemblée comme celle-ci, il ne m'est pas possible, il ne me serait pas permis de garder absolument le silence sur la carrière d'un pasteur que vous avez connu, apprécié, aimé; il ne m'est pas possible, il ne me serait pas permis de ne pas vous rappeler ce qu'il a été pour vous, ses chers paroissiens, et ce que vous avez été pour lui. Un seul devoir m'est imposé, c'est d'être sur ce sujet à la fois sobre et vrai, et, après vous avoir entretenus quelques instants de la vie et de la mort de votre pasteur, de recueillir et de vous adresser quelques-unes des grandes leçons que nous donnent cette vie et cette mort. C'est ce que je m'efforcerai de faire avec l'aide de Dieu ; je commenterai ainsi pratiquement les deux belles déclarations de l'Ecriture que j'ai choisies pour texte : « Heureux les morts qui meurent au Seigneur. — Quoique mort, il parle encore.»

Né le 16 juin 1827 au Vigan, cette petite ville des Cévennes où se sont conservées vivantes les traditions et les croyances des anciens huguenots et d'où — chose singulière — sont aussi sortis comme lui quatre des pasteurs titulaires actuels de l'Eglise réformée de Paris, Paulin Abric fit ses premières études au petit collège de cette ville où je commençai à le connaître, et je me souviens qu'il fut bientôt remarqué de ses maîtres à cause de la douceur de son caractère et de son esprit sérieux et appliqué. De là il passa au lycée de Nîmes où je l'avais moi-même devancé et où il termina très honorablement ses études classiques. C'est là aussi qu'il éprouva dans son cœur les premiers attraits vers cette noble carrière pastorale qu'il n'a jamais regretté d'avoir embrassée ; c'est là surtout que se firent entendre à son âme et à la mienne les premiers et sérieux appels de l'Evangile, les premiers coups de cloche de la grâce divine. Je me souviens encore à cette heure avec émotion d'un des incidents de ce travail spirituel qui s'accomplissait dans nos cœurs en un milieu qui semblait si défavorable. Désirant nous entretenir ensemble des choses de Dieu et nous préparer à la communion de Pâques en compagnie d'un autre condisciple animé des mêmes sentiments, nous avions obtenu du proviseur du lycée la permission de nous retirer pendant l'heure des récréations dans une salle d'études, et là nous passâmes de doux et bons moments dans la lecture de la Parole de Dieu et dans la prière; il me souvient même que nous essayâmes plusieurs fois, mais en vain, d'entonner de nos voix malhabiles un de nos vieux psaumes favoris: « Comme un cerf altéré brame. »

Nous nous retrouvâmes plus tard ensemble sur les bancs de la Faculté de théologie de Montauban où nous écoutions avec un puissant et sérieux intérêt les leçons de maîtres vénérés, qui étaient en même temps pour nous des pasteurs et des amis et dont je ne nommerai que deux : Jalaguier et Adolphe Monod. La théologie, si fortement biblique et si éminemment protestante du premier, la grande et évangélique éloquence du second, la piété si vivante de tous deux exerçait sur nous une action profonde et salutaire (1). Dans ce même temps nous subissions avec enthousiasme et avec joie l'ascendant religieux et intellectuel d'un autre docteur chrétien que nous n'avions jamais vu de visage, mais qui par ses écrits était devenu, au loin comme auprès, le guide spirituel et, comme on l'a dit, « le pasteur des pensées » de toute une génération de futurs pasteurs ; vous avez nommé Alexandre Vinet. — Sous ces influences bénies, sous l'action plus puissante encore de

(1) Je dois mentionner aussi, pour acquitter une dette de cœur, l'influence qu'eut sur le développement de notre vie religieuse la piété si sereine et si aimable de l'un de nos professeurs que nous avions surnommé « le débonnaire de l'Evangile ». M. Pierre Encontre, dont M. le pasteur Abric épousa plus tard la fille cadette.

l'esprit de Dieu, à l'école de la Bible et de la prière, les
convictions et la vocation de notre ami s'affermirent :
Abric crut de cœur au Christ rédempteur et au Père
céleste ; il accepta dans ses éléments essentiels le chris-
tianisme positif et surnaturel comme la religion divine
et parfaite, et je crois pouvoir affirmer qu'à travers les
oscillations et les modifications de détail qu'entraînent
inévitablement les expériences de la vie et les méditations de la pensée, il est resté toujours et jusqu'à son
dernier souffle fidèle à cette foi.

Sorti en 1851 de la Faculté un des meilleurs élèves
de sa volée, il fut bientôt après consacré au ministère
évangélique au sein de l'Eglise d'Anduze, puis il fut
appelé à desservir la paroisse de Faugères, petite ville
du département de l'Hérault, où il demeura environ
deux ans ; de là il passa à Aix en Provence où s'accomplit pour lui l'un des plus sérieux et des plus heureux
évènements de sa vie, son mariage avec Mlle Nelly
Encontre. C'est là aussi, au bout de trois ans, en 1857,
que vint le chercher l'appel de l'ancien Conseil presbytéral de l'Eglise réformée de Paris, qui lui confia la
charge de pasteur auxiliaire, avec la mission de prêcher tour à tour à la chapelle Saint-Lazare et à celle de
Vincennes ; c'est de ce dernier culte qu'est sortie la paroisse actuelle de Vincennes. Un peu plus tard, en
1860, lorsque l'Eglise de Paris fut constituée en pa-
roisses officieuses, le pasteur Abric fut envoyé à Belle-
ville où l'avait précédé M. le pasteur Monnier et où il
continua pendant sept années l'œuvre d'organisation
de cette nouvelle paroisse. Enfin, en 1867, il fut appelé
à Passy où il trouva un auxiliaire précieux et efficace
dans la personne du vénéré et regretté M. François

Delessert, dont le souvenir, ainsi que celui de sa digne compagne, est resté vivant dans vos cœurs. Vous n'avez qu'à jeter les yeux autour de vous, mes chers frères, pour voir ce que cette œuvre, si petite à son origine, est devenue maintenant ; le grain de sénevé s'est transformé en un arbre qui a grandi et qui grandira encore avec la bénédiction de Dieu. C'est donc ici que M. Abric a passé la plus grande partie de sa vie pastorale, vingt années ! C'est ici que son ministère a porté les derniers et peut-être les meilleurs fruits spirituels. Membres de sa chère paroisse de Passy, anciens, diacres, fidèles, vous ne l'oublierez pas.

Essaierai-je maintenant de vous dire ce que vous connaissez mieux que moi ? Vous savez ce qu'il était dans cette chaire d'où il distribuait à son troupeau de dimanche en dimanche le pain de la parole de vie ; vous avez présentes à votre esprit ses prières si ferventes, ses méditations bibliques si sérieuses, ses appels si pressants à la repentance et à la conversion. Vous savez aussi comment il comprenait et pratiquait le ministère pastoral ; vous pourriez nous dire son zèle, qui dépassait souvent la mesure de ses forces, pour l'accroissement et l'affermissement de son troupeau, sa sollicitude constante, trop anxieuse peut-être, pour son avenir religieux et ecclésiastique, son ardent désir d'être accessible à tous et de faire du bien à tous, aux pauvres comme aux riches, plus spécialement peut-être aux petits et aux humbles ; vous conserverez surtout vivant dans vos cœurs le souvenir de ses leçons et de sa bonté, enfants de sa chère Ecole du dimanche et vous aussi, jeunes gens, ses chers anciens catéchumènes.

Ce que je puis ajouter en connaissance de cause, c'est que les devoirs de son laborieux ministère n'épuisaient pas toute l'activité du pasteur de Passy : il aimait encore à suivre d'un regard attentif les divers mouvements de la pensée et de la vie religieuse contemporaine ; il avait en particulier un vrai culte pour le grand et douloureux passé de notre Eglise réformée de France et il recueillait soigneusement dans sa riche bibliothèque tous les vieux livres qui lui parlaient de ce passé, avec le dessein, malheureusement non réalisé, de publier un jour une *anthologie*, c'est-à-dire un choix de morceaux empruntés à nos anciens sermonnaires protestants. Il suivait ainsi sa pente : il était huguenot de goûts et de pensée comme de race.

Pourrai-je oublier à cette heure et dans ce lieu que, pendant plus de trente-trois ans, il a été soutenu, fortifié dans sa tâche par une femme selon son cœur et selon le cœur de Dieu, qui a porté et qui porte si dignement avec celui de son mari l'héritage d'un nom de famille que plusieurs générations de pasteurs et de docteurs ont honoré depuis les temps du Désert et que l'un d'eux a rendu illustre dans notre Eglise et dans notre patrie. Unissant aux dons d'une intelligence vive et cultivée l'ardeur d'un cœur toujours jeune et une activité infatigable, Mme Abric-Encontre fut pour son mari une aide, une force, une consolation, et ce n'est pas, je le sais, pour cette paroisse une de ses moindres tristesses que de l'avoir perdue en le perdant. Laissez-moi lui envoyer, en ce jour, en votre nom et au sien, à travers l'espace, dans la solitude douloureuse que Dieu lui a faite, l'expression de nos sincères regrets et de notre profonde et chrétienne sympathie...

Le zèle pastoral de notre ami ne fut pas, surtout dans ces dernières années, toujours soutenu par la santé du corps. Depuis près de deux ans son visage amaigri et fatigué exprimait la souffrance et faisait craindre une sérieuse maladie. De divers côtés on l'exhortait à suspendre ou tout au moins à modérer son travail, mais il restait sourd à tous les conseils. Cependant un mal intérieur, mystérieux et implacable, minait peu à peu ses forces ; il se vit contraint de s'arrêter, mais ce ne fut pas sans un dernier effort qui a peut-être hâté sa fin. Il y a six mois — il vous en souvient — le jour de Pâques, déjà brisé par le mal, il voulut encore monter dans cette chaire pour y prêcher la Parole de vie et recevoir ses catéchumènes. Ce fut pour la dernière fois : il n'a plus parlé que de sa chambre de malade et de son lit de souffrance et d'agonie.

Mais ce qu'il a dit alors à ceux qui l'entouraient, à sa compagne, à ses enfants adoptifs, au pasteur qui l'a visité, n'a pas été la moins émouvante de ses prédications. Sa veuve nous écrivait, il y a trois jours, que « ces longs mois d'inaction forcée ont été pour son âme la période peut-être la plus bénie. Ses nuits sans sommeil, ses journées de douleurs et de langueurs, se passaient en prières ; les pauvres, les malades, les enfants, ses catéchumènes, lui revenaient sans cesse à la pensée et il demandait à Dieu pour chacun ce qui lui était nécessaire. Quant à sa chère paroisse, il y pensait toujours et il priait pour elle avec une ardeur extraordinaire. » Sur sa fin, pouvant à peine parler, il dit à sa compagne : « Ma paroisse ! mes paroissiens ! Oh ! dis-leur que pas un ne manque... » Il ne put achever : la mort étendait déjà sur lui sa main glacée. Cette mort prématurée, il a cru la voir venir à plusieurs reprises pendant les dernières semaines, et il l'a toujours accueillie sans crainte, dans un esprit de soumission et d'espérance : le Christ Sauveur en avait pour lui brisé l'aiguillon. Puis, quand elle est réellement venue, il s'est endormi en paix dans le sein de son Dieu comme le petit enfant s'endort sur le sein de sa mère. « Heureux les morts qui meurent au Seigneur, a dit l'Ecriture, car ils se reposent de leurs travaux et leurs œuvres les suivent. » Oui, repose en paix, cher ami, bien-aimé pasteur : tu es heureux, bien heureux dans la lumière du ciel. Pendant qu'ici-bas nous essayons de croire au milieu des obscurités et des troubles de ce monde, là-haut tu crois, tu contemples, tu possèdes les réalités éternelles. Pendant que nous bégayons encore — trop souvent hélas ! des lèvres — le cantique : « Je veux t'aimer, toi mon Dieu, toi mon Père », tu dis : « J'aime l'Eternel ! » Pendant que nous nous efforçons de servir ce Dieu d'amour à travers bien des douleurs et des défaillances, tu es vraiment un serviteur, entré peut-être dans un ministère nouveau, dans une œuvre nouvelle que tu accomplis dans la plénitude de la joie et de la force. Nous semons encore, nous, avec larmes ; tu moissonnes, toi, avec chant de triomphe...

Et maintenant, mes frères, laissez-moi tirer de cette mort et de cette vie les austères leçons qu'elles nous donnent. « Quoique mort, il parle encore », nous dit l'Écriture à propos d'Abel. Cette déclaration, je l'applique à notre mort vénéré : quoique mort, il nous parle encore. De quoi nous parle-t-il ?

Il nous parle d'abord de la nécessité, de la vertu de *la foi* (et c'est bien dans ce sens que l'entend au sujet d'Abel l'écrivain sacré). Ce que le pasteur de Passy a pu faire de bien pendant sa vie, ce qu'il a été en face de la mort, il l'a fait, il l'a été par la foi, la foi chrétienne — la foi au Père céleste qui, après nous avoir créés par amour, a voulu encore nous sauver par amour; — la foi en ce Fils unique et bien-aimé du Père qui, à l'heure marquée, a quitté les gloires et les félicités du ciel pour s'unir à notre humanité et devenir notre représentant, notre répondant, offrant ainsi à Dieu pour nous le grand sacrifice de réparation et de rédemption ; — la foi à l'Esprit de la promesse, au divin Consolateur, au Saint-Esprit qui a reçu de Dieu la mission de continuer ici-bas l'œuvre du Père et du Fils en appelant, en convertissant, en introduisant les hommes pécheurs dans le royaume de la grâce et de la sainteté ; — la foi aussi à cette Parole divine contenue dans les écrits sacrés de l'Ancien et du Nouveau Testament et qui « est propre à nous instruire, à nous convaincre, à nous corriger et à nous former à la justice » : — la foi enfin à toutes ces grandes réalités morales que l'Évangile a remises en lumière et dont il demeure l'éternel foyer : le devoir, la vérité, la sainteté, la liberté spirituelle, la grâce, l'amour, le règne de Dieu.

Cette foi, mes frères, est absolument nécessaire, à nous comme à lui. Voyez comme, privé de sa lumière, l'homme moderne, au sein de toutes ses conquêtes sur le monde visible, est faible, ignorant, agité, misérable; voyez comme sur toutes les grandes questions qui sont encore et demeureront toujours, quoiqu'on en dise, la préoccupation suprême, le noble tourment de toutes les nobles âmes, la question d'origine, la question de destinée, la question du salut de l'humanité, la raison humaine abandonnée à elle-même cherche en vain sa route à travers tant de systèmes contradictoires, semblable à un navire qui, battu des vents et des flots, erre sans boussole et sans gouvernail à travers l'Océan. Et voyez aussi comme la vie est courte, comme la mort est près et comme est redoutable le mystère de l'au-delà. Qui nous donnera le fil conducteur pour diriger nos pas dans le chemin de la vie ? Qui éclairera pour nous les ténèbres de la tombe et les mystérieuses avenues de l'éternité ? Ce sera la foi. — Cette foi, mes frères, cherchez-la, saisissez-la pendant qu'il est temps encore, ou plutôt cherchez, invoquez, priez Celui qui la donne et qui nous dit dans sa Parole : « La lumière s'est levée dans les ténèbres pour ceux qui ont le cœur droit ».

De quoi nous parle encore notre ami défunt ?

Il nous parle du devoir de *la fidélité* dans l'accomplissement de l'œuvre que Dieu nous donne à faire ici-bas et tout d'abord dans l'œuvre de notre conversion et de notre sanctification. A travers les infirmités inhérentes à la nature humaine votre pasteur a été fidèle jusqu'à la mort, fidèle aux premiers appels de Dieu et au serment de sa consécration, fidèle à son Eglise, fidèle à ses devoirs, fidèle à son Dieu. Là est au fond l'unité, la grandeur morale de cette vie et de toute vie digne d'être vécue. La fidélité, voilà la vertu que nous aimons et que nous réclamons de nos semblables dans les diverses situations de la vie : quand on parle devant nous d'un cœur fidèle, notre cœur s'émeut ou admire ; et lorsque l'Ecriture veut nous présenter le Dieu qui règne dans les cieux sous l'aspect le plus rassurant pour nos esprits troublés par le spectacle des misères et des fragilités humaines, elle nous dit : « l'Eternel est fidèle ! »,

Eh bien, cette vertu si belle et si admirée, je vous la recommande à cette heure, mes frères, au nom de votre ancien pasteur, au nom surtout de ce Dieu fidèle qu'il vous a si souvent annoncé. Oh ! répondez à cette fidélité divine, qui est la garantie de votre salut, par une fidélite humaine correspondante. Soyez fidèles aux appels de la parole sainte qui ont retenti tant de fois et qui retentiront encore à vos oreilles dans ce temple ; soyez fidèles aux mouvements de votre conscience qui est la voix même de Dieu parlant en vous ; soyez fidèles aux inspirations de l'Esprit saint qui éclaire, qui réveille, qui affranchit votre conscience. Que vous disent toutes ces voix ? Elles vous disent que la vie terrestre ne nous a pas été donnée uniquement pour travailler, pour gagner de l'argent, pour jouir et briller un moment, mais pour nous préparer au royaume de Dieu, pour entrer et marcher dans ce royaume par une vraie et décisive conversion, suivie d'une sérieuse sanctification. Elles nous disent que, pour que cette grande œuvre s'accomplisse, il nous faut lutter, il nous faut souffrir, il nous faut mourir chaque jour à nous mêmes et au péché, il nous faut monter, monter toujours de degré en degré, sur cette échelle spirituelle de la sainteté, le cœur appuyé sur cette grâce de Dieu qui s'accomplit dans notre infirmité et les yeux fixés sur Jésus notre force en même temps que notre modèle. Jeunes gens, jeunes filles de cette Eglise, hommes et femmes de l'âge mûr, et vous aussi, vieillards qui approchez du terme de la vie, écoutez toutes ces voix qui vous parlent, écoutez la voix de votre pasteur qui du fond de sa tombe — ou plutôt du haut du ciel — vous adresse par ma bouche l'exhortation du Seigneur : « Sois fidèle jusqu'à la fin et je te donnerai la couronne de vie ».

Que nous prêche enfin le souvenir de notre ami?

Il nous prêche *la charité*, l'amour fraternel.

L'existence humaine est semée de bien des douleurs, mais parmi elles je n'en connais pas de plus amères et hélas ! de plus fréquentes que celles que l'homme inflige à l'homme, son semblable et son frère, celles qui procèdent des sources empoisonnées de l'égoïsme : les malveillances, les injustices, les médisances, les calomnies, les inimitiés, les divisions. Aussi le roi-prophète a-t-il dit vrai pour tous les temps quand il s'est écrié : « Que je tombe entre les mains de Dieu plutôt qu'entre les mains des hommes ! »

Qu'arrive-t-il pourtant quand ces mêmes hommes agités de sentiments contraires sont mis en face d'un cercueil, serait-ce celui d'un ennemi? Vous le savez, mes frères, pour un moment au moins, toutes les animosités s'apaisent, toutes les divisions sont suspendues, toutes les bouches se ferment ou ne s'ouvrent que pour des paroles de respect ou de pitié. Et vous savez aussi ce qu'éprouve sur un lit de mort tout homme généreux, tout vrai disciple de Jésus-Christ : être pardonné de ceux qu'il a offensés, pardonner lui-même à ceux qui lui ont fait tort, voilà son ardent désir, sa constante pensée C'est que, mes frères, les approches de la mort nous replacent au vrai point de vue pour juger les choses humaines, c'est qu'à cette heure suprême les illusions s'évanouissent et les réalités apparaissent, c'est que la véritable vocation, la vraie nature de l'homme se révèle à notre conscience et que nous l'entendons distinctement chanter dans notre âme le cantique divin : Aimer, aimer, c'est là vivre ! Oui, aimer tout ce qui doit être aimé, aimer le Dieu d'amour, aimer le Seigneur et Sauveur Jésus-Christ, aimer tous les hommes qu'il a aimés et rachetés, c'est-à-dire tout d'abord nos parents, nos amis, nos frères en la foi, nos concitoyens, nos coreligionnaires, mais aussi ceux-là même qui ne nous aiment pas ; et, en les aimant, n'avoir pour eux que des pensées de miséricorde et des prières de pardon, voilà la vraie vie de l'âme, la vie qui brave la mort et qui doit se poursuivre dans les profondeurs de l'éternité : « Maintenant donc, a dit l'Apôtre, ces trois choses demeurent, la foi, l'espérance et la charité, mais la plus grande est la charité. »

Mes frères, le pasteur dont nous commémorons le souvenir n'avait pas attendu la mort pour annoncer et pour exercer cette vertu royale de la charité : pendant toute sa carrière pastorale, il s'est efforcé de prévenir les divisions, d'amortir les haines, de rapprocher les esprits et les cœurs, et durant les sombres jours de sa longue maladie, vous voyez comme il vous a aimés et a prié pour vous.

Que cette charité si nécessaire et si rare vive et règne dans vos cœurs, mes bien-aimés frères. Qu'elle préside à toutes vos relations de famille, d'église et de société ; qu'elle triomphe de toutes les défiances et de toutes les froideurs. Et pour cela puisse l'esprit de Celui qui est amour souffler avec puissance au milieu de vous, au sein de cette paroisse privilégiée ! Puisse le nouveau pasteur que vous allez choisir, animé de cet esprit, continuer et agrandir l'œuvre de son devancier ! Et puissent enfin les anciens et les diacres qui sont appelés à le seconder dans sa tâche, être vraiment avec lui des sentinelles en Israël, des colonnes de l'Église et des modèles du troupeau pour l'édification du corps de Christ et à la gloire de notre grand Dieu-Sauveur !

Amen !

ALENÇON. — IMPRIMERIE F. GUY

9 782329 518909